V.-E. VEUCLIN

CHANSONS VILLAGEOISES
du Pays d'Ouche
RECUEILLIES PAR FRANÇOIS HUE
1798-1808

I

COUPLETS MILITAIRES

BERNAY

IMPRIMÉ PAR V.-E. VEUCLIN

EN L'AN 1887

V.-E. VEUCLIN

CHANSONS VILLAGEOISES
du Pays d'Ouche
RECUEILLIES PAR FRANÇOIS HUE
1798-1808

I
COUPLETS MILITAIRES

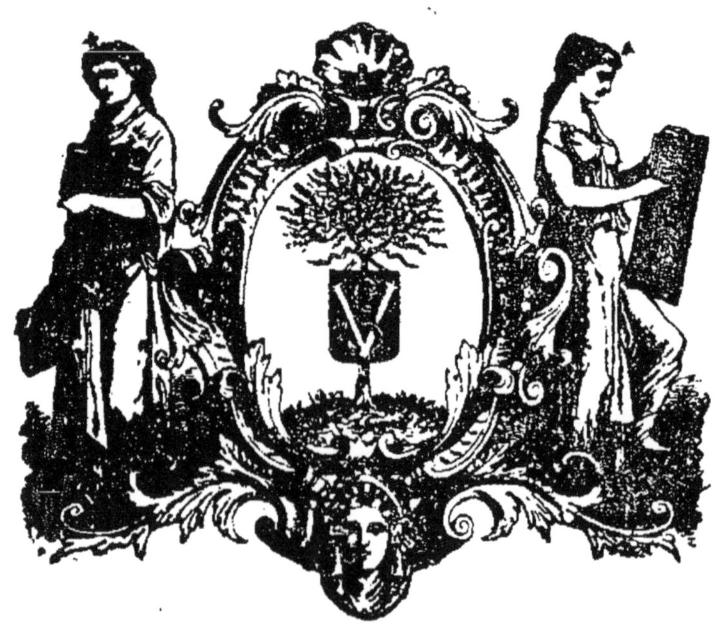

BERNAY

IMPRIMÉ PAR V.-E. VEUCLIN

CHANSONS VILLAGEOISES

I

COUPLETS MILITAIRES

CHANSON

D'une jeune fille qui avoit un amant qui s'é-
tait engagé et il est de retour : elle ne le con-
noît plus, mais il se fait connoître.

Air : *J'ai servi Sa Majesté.*

Bonjour, Madelon, mon cœur,
Reconnois-tu Belle-Humeur ?
Que je te trouve grandie ;
Depuis que je t'ai vue,
J'ai servy en Normandie :
Embrasse ton prétendu.

Non, je ne t'embrasserai pas,
Car je crains trop les soldats ;
Sitôt qu'ils vous font caresse,
Ils ravissent votre honneur,
Puis après ils vous délaissent.
Ah c'est-il pas Belle-Humeur ?

Pour moy qui n'aime que toy,
Tu te rebute de moy ;
Va, ne soit point si farouche,
Je suis mon maître à présent,
Tiens, regarde ma cartouche,
J'ai quitté le régiment.

Ah bien, puisque c'est ainsi,
Embrasse-moy, mon ami,
Car, pendant six ans d'absence,
Je ne reconnoissois pas.
Je reconnois ta constance,
Viens, je te tends les bras.

Maman, vous ne savez pas
Que le fils de Nicolas
Est revenu de la troupe
Et qu'il m'aime tendrement,
Apprêtez vite la soupe,
Pour recevoir mon amant.

Ton amant a-t-il du bien ?
Tu sais que nous n'avons rien ;
Comment faire un mariage
Sans argent dans la maison
Et pour vous mettre en ménage.
Qu'en dites-vous, Madelon ?

Maman, il m'a tout montré
En me montrant son congé ;
J'ai vu briller dans sa bourse
Plusieurs doubles louis d'or,
Nous avons de la ressource,
J'ai vu son petit trésor.

Ah, ma fille, que dis-tu !
Tiens, voilà ton prétendu ;
Faut faire cuire une grillade,
Afin de le recevoir,
Va chercher une salade,
S'il vient, nous allons le voir.

Ma bonne mère, bonjour.
Je viens, tout rempli d'amour,
Vous demander Madelaine
Aujourd'hui pour mon épouse,
J'ai quitté mon capitaine,
Pour devenir son époux.

Embrassez-vous, mes enfants,
De tout mon cœur j'y consens.
Je vous accorde ma fille,
Mais je ne lui donne rien ;
Notre petite famille
N'a que l'honneur pour tout bien.

Embrasse-moy, Madelon,
Va, je suis un fort bon garçon
....

Après avoir eu mon congé,
Me voilà donc rengagé :
Madelaine est mon capitaine
Et moi je suis le commandant ;
Etant avec Madelaine,
Ma foy, je suis bien content.

LE RETOUR DE FLEUR-D'ÉPINE

Air d'*Alexandrine*

Me voilà donc de retour,
   Chère Alexandrine ;
Pour te prouver mon amour,
Je viens te voir en ce jour.
   Que j'étais en peine,
   Ma petite reine.
J'ai brisé ma chaîne,
   Ah, quel heureux jour !
Me voilà, etc.

Te voilà donc revenu,
   Mon cher Fleur-d'Épine,
Ah, mes sens sont tous émus.
   Je te crois bien perdu.
   Ah, mon cœur palpite,
   Viens donc tout de suite,
   Embrasse-moy vite,
   Pour combler mes vœux.
Te voilà, etc.

Tiens, voilà un beau présent,
   Chère Alexandrine,
De rubis et de diamant,
Que j'apporte du Levant,
   De la Cochinchine,
   Venant de la Chine,
   Chère Alexandrine,
   Je t'en fais présent.
Tiens, etc.

Je reçois ton beau présent.
  Mon cher Fleur-d'Epine,
Pour moy, quel contentement
  De revoir mon cher amant.
  Bien d'autres, à ton àge,
  Qui seroient volages
  Pour le mariage.
  Vois ton cher enfant.
Je reçois, etc.

Dieu ! quel beau petit garçon,
  Chère Alexandrine ;
Etant dans ma garnison,
Je pensois à ce mignon ;
  Qu'il a bonne grâce,
  Viens que je t'embrasse ;
  Quand il aura l'àge,
  Fera un dragon.
Dieu, etc.

Faut aller chez nos parents,
  Mon cher Fleur-d'Epine,
Pour faire écrire nos bans,
Nous marier promptement,
  Et puis au notaire,
  Pour finir l'affaire,
  Mon père et ma mère,
  En sont consentant.
Faut, etc.

Nous voilà donc réunis,
  Chère Alexandrine,
Parmi tous nos bons amis,
Que nous sommes réjouis !
  Dans notre bel àge,
  Faisons bon ménage ;
  Notre mariage
  Va bientôt finir.
Nous voilà, etc.

Les adieux d'un dragon
à sa maîtresse.

Air :
Adieu donc pour jamais, charmant port de Calais.

Adieu donc, s'en est fait,
Ma charmante Babet.
Je te quitte en ce jour, mon semestre est par-
　　Il me faut tout de bon　　　　fait.
Rejoind ma garnison,
Il faut assurément
Que je serve huit ans,
Pour obéir aux loix, notre commandement.

Se peut-il, en ce jour,
Cher dragon plein d'amour,
Que tu me quitte ainsy, Nagiy point de retour.
Quoi ! ne pourrais-tu pas,
Dedans mon embarras,
Reculer quelque temps,
Pour mon besoin pressant,
N'abandonne donc pas et la mère et l'enfant.

Je ne puis reculer,
Je pars sans plus tarder.
Va ma chère Babet, il faut de consoler.
Capitaine et sergent,
Colonel, commandant,
Tout m'ôte le loisir,
Tout m'oblige à partir.
De toy, chère Babet, j'aurai le souvenir.

Achète, cher ami,
Ton congé aujourd'hui,
Je n'aurai de bonheur que de te voir ici.
Vends mes robes et jupons
De toutes les saisons,
Chemises et tabliers,
Jusqu'aux boucles à souliers,
Pour rester avec moy et pour me soulager.

Chère Babet, attends,
Je n'ai plus que deux ans.

Je reviendrai te voir ayant fini mon temps
        Tiens, prends cet anneau d'or,
        Prends cet argent encor,
        La gloire reste à moy
        De défendre la loy.
Si tu fais un garçon, fais-lui porter mon nom.

        Adieu donc, je me meurs
        En sanglots, en douleur.
De te voir obstiné a faire mon malheur.
        Adieu donc, dragon charmant,
        Joint ton beau régiment,
        Pars en bonne santé,
        Si c'est ta volonté,
Et ton temps expiré, tu viendras me trouver.

Cette chanson est le récit de ce qui se passait fréquemment dans nos villages ; voici à l'appui un curieux document que nous avons trouvé dans un vieux registre de la paroisse de Courbépine :

« Le lundy unziesme Janvier 1672. Margue-
« ritte fille de Pierre de La mare et de Marie
« Lestournel..... a esté baptizée..... Le dit en-
« fant baptizé au nom dud/ de La mare vertu
« d'une sentence en dabte du lundy dernier
« jour d'aoust 1671, par laquelle ladite Lestour-
« nel a interjetté harô sur ledit de La mare, le-
« quel a esté condampné à célébrer le mariage
« avec lad/ Lestournel layant abuzée soubs pro-
« messe de mariage et na pas desnié que ce ne
« soit de son faict et a dit qu'il y advisera
« quand il sera de retour de l'armée, par lad/
« sentence a esté condampné a fournir à la mè-
« re la nouriture de lenfant pendant trois an-
« néz à raison de 60 sols par chacun mois et
« aprés lesd/ trois ans sen charger, a esté aus-
« sy condampné à 50 livres dinthérest retour à
« ladite sentence..... »

La jeune fille délaissée sans amant.

Air nouveau.

Puisque je suis délaissée sans amant,
Je vous fais mes adieux, chère maman.
Je suis les ordres du commandant
Je m'en vais partir à l'instant.
Il me faudrait de l'argent
Blanc.
Voilà mon paquet
Tout près,
Fait pour avancer à grands pas là.
Pour quand l'armée campera là. (*bis*)

« Ma fille, tu te feras mépriser,
Si tu parle d'aller à l'armée.
Ah, dis-moi donc, mon chère enfant,
Tu as donc perdu le bon sens.
Je n'ai pas d'argent pour toy,
Moy,
J'aurais donc perdu l'esprit,
Oui,
Si je consentais à cela,
Va, je n'y consentirai pas. »

« Dis-moy, ma fille, que feras-tu
Dans un pays inconnu ?
En peu de temps tu te verras
Dedans un cruel embarras :
Tu n'entends pas le jargon,
Non,
Qui est-ce qui te l'aurait appris,
Dis ?
Tu ne sais que le français,
C'est tous Allemands et Anglais. »

« Je n'irai pas chez les paysans,
Je resterai toujours dans les camps.
Les défenseurs de notre loy
Savent tous parler comme moy.
Je vendrai du brand de vin

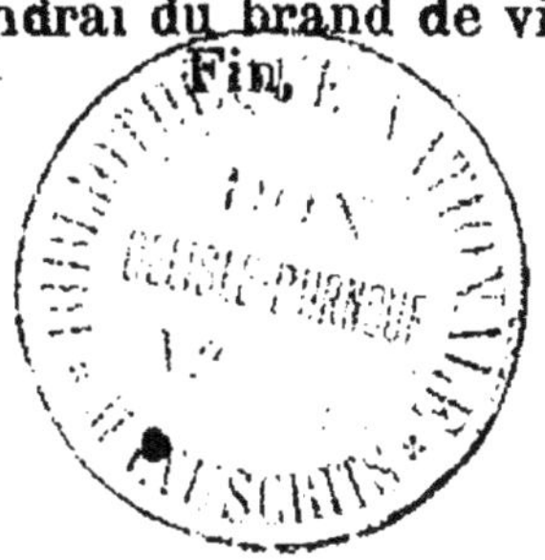

Et des petits gâteaux
Chauds,
Et du pain sortant du four,
Pour déjeuner au point du jour.

Je vendrai du fil et du ruban,
Du vert, du gris du rouge et du blanc,
Des aiguilles à coudre, à broder,
Des chandelles utiles à l'armée,
De la pommade en bâtons
Ronds,
Et j'en vendrai dans un pot
Gros,
Pour débiter aux passants, quand
Il me viendra des marchands. »

« Ma fille, tu sais le commerce à fond,
Ne te fie pas surtout des dragons,
Ne te mets pas trop au hasard,
Méfie-toy toujours des hussards,
Si tu les vois quelque fois
Près,
Retire-toy dans un coin
Loin.
Embrasse-moy, ma chère enfant,
Prends ton paquet et va-t-en. »

Chanson du soldat dans le cachotnoir

Air nouveau.

Maudit soit le moment,
Le jour que nous avons levé le camp.
J'ai rencontré mon capitaine,
Il m'a dit : « Te voilà dans la peine,
On t'a fait du crédit,
Il faudra que tu paye sans contredit. »

Et moy, pauvre soldat,
Je lui répond : « De l'argent je n'ai pas. »
« Mais qu'il n'y ait rien qui te tiennes,
Il faudra pourtant que tu paye.

Il faut venir à Condé,
Dans un cachot noir tu seras renfermé. »

Arrivant à Condé,
Hélas, grand Dieu, que j'étais désolé.
J'ai rencontré des patriotes,
Ils m'ont dit : « Mets-toy dans la ribo-
Ils m'ont payé du vin,   [te. »
Cela était pour bannir mon chagrin.

Le soir en nous quittant,
Comme je m'en allais droit à mon régiment
J'ai rencontré mon caporal.
Il m'a dit : « Où vas-tu, la Grenade ?
Il faut, sans plus tarder,
Venir avec moy, je vais t'emprisonner. »

Dans ces maudits cachots,
Hélas, grand Dieu, qu'on endure de maux.
Couchant sans drap ni couverture,
Implorant le Dieu de la nature,
Pleurant mon triste sort,
A l'Eternel j'ai demandé la mort.

» Ami, console-toy,
J'irai parler ton capitaine pour toy. »
Mais la chose en fut bien certaine,
Quand nous fûmes au milieu de la semaine,
On vint me délivrer
De ce cachot noir où j'étais renfermé.

Qui a composé la chanson,
C'est tous soldats étant dans la prison,
En se disant : « Camarade,
Il faut nous donner de garde
De tomber dans quelque défaut,
Car pour un rien on nous met au cachot. »

16 Mars 1800.

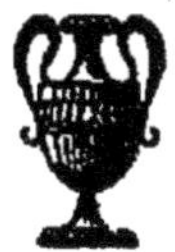

La jeune fille qui a perdu son amant.

Air : *Attrape qui peut.*

J'ai acquis un serviteur
A qui j'ai livré mon cœur
D'une si bonne grâce,
Mais il m'a promis le sien
Et j'ai l'ai pris pour gage.

A la guerre il est allé,
Bien en chagrin il m'a laissée.
Mais seulette je pleure,
Et s'il ne revient dans peu,
Il faut que mon cœur meure.

Les soirs en m'allant coucher,
J'entends les violons jouer
Et les garçons qui dansent,
Mais je n'y vois pas danser
Celui que mon cœur demande.

Le matin, à mon reveil,
Je vois briller le soleil,
Briller comme une rose,
Mais je n'y vois pas venir
Celui que mon cœur propose.

Du côté de Landrecy
Je vois la troupe venir
De Flandre et de Hollande,
Mais je n'y vois pas venir
Celui que mon cœur demande !

Le départ d'un milicien à l'armée.

Air nouveau.

Ah ! quel transport, quelle circonstance !
Mon cœur est navré de douleur.
Mon bien-aimé, que ton absence
Me fera répandre des pleurs !
Tu pars, cher amant que j'adore,
Mon bonheur s'enfuit avec toy. *(bis)*

En gémissant, ma voix t'implore.
Ah! reviens, reviens près de moy. (*bis*)

Le malheur, mon unique amie,
Vient m'arracher d'entre tes bras.
Hélas! ma chère Rosalie,
Que je regrette tes appas.

Je pars, cher objet que j'adore,
C'est pour obéir à la loy.
Je reviendrai, fidèle encore,
Pour ne plus m'éloigner de toy.

Peut-estre une amante plus belle
Fixera tes yeux inconstants.
Jamais une amante plus belle
Ne t'aimera plus constamment.
 Tu pars, etc.

Va, ne crains pas que pour une autre belle
Que j'aille brûler de nouveaux feux.
Mon cœur sera toujours fidèle,
Respectera nos premiers vœux.

 Je pars, etc.

Une loy aussi rigoureuse
A mis mon cœur au désespoir :
Que je me trouve malheureuse.
Si je n'allais plus te revoir !

 Tu pars. etc.

Loin de ton image chérie,
Comment goûter quelque plaisir,
Ma maîtresse. Notre patrie
Me causera bien du souci.

 Je pars, etc.

Entends-tu la voix de la patrie
Qui me commande d'obéir?
— Entends-tu l'amour qui s'écrie?
Rien ne peut donc te retenir ?

 Tu pars, etc.

Nos deux cœurs sont faits pour la tendres-
Unissons le parfait bonheur.   se,
Unis par la délicatesse,
Nous reviendrons avec honneur.

Je pars, etc.

15 thermidor an 8.

L'ENTRETIEN DU GAS FRANÇAIS
à sa maîtresse.

Air connu.

Ma mie, jé viens t'annoncer
Une bonne nouvelle :
J'en jure bien, par ma fé,
Ou n' té rendra pas aise :
Jé me suis engagé, hier au sé,
Dans le régiment d' la loy.

Qu'est-ce qui t'ont donné, dis, gas français ?

Ils m'ont donné du bel argent
Tout plein mes deux pouquettes,
Ils m'ont fait boire du bon vin blanc,
Tout plein des chopinettes.
Une cocarde à mon capiau,
Par ma fé, que j'étais biau !

Qu'est-ce qu'ils t'ont encore donné, dis, gas
                                        français ?

Ils m'ont mis de la graine d'ognon
Dedans ma souricière,
Des p'tits prunias, des gros prunias
Dedans mon écritoire,
Un grand sabre à mon côté,
Sur mon épaule un fer lissé.

Où qui t'ont mis, dis, gas français ?

Ils m'ont mis en faction
Derrière une citadelle.

Ceux qui ne savent pas mon nom
M'appellent sentinelle.
Il n'aurait pas passé un cat,
Que je n'eusse crié : qui va là ?

Qu'est-ce que tu as vu, dis, gas français ?
J'ai vu des grands messieurs
Avec des grandes gaulettes,
Des p'tits messieurs, des gros bossias,
Avec des p'tites bayettes,
Ils allaient de rang en rang
Comme des bœufs qui vont ès camps.

Qu'est-ce que t'as encore vu, dis, gas français ?
Quatre grands messieurs à cheval,
Je croyais qu' c'était nos maîtres,
Ils avaient des plumes de geai
Tout à l'entour de leur tête :
Ils ont m'né un si grand bruit,
Par ma fé, je m'en sée enfui.

Où tu as retourné, dis, gas français ?
Jé m'en suis retourné au corps de gar-
Pour émouquer la braise.   de,
Il a sauté un pétard de feu
Dedans ma souricière :
Peti petas de tous côtés,
Je croyais que la diable s'en demélé.

Où tu as retourné, dis, gas français ?
Jé m'en suis retourné chez nous
Pour aller voir ma mère :
Ou se chauffait au coin du feu
Avec de la bruyère.
Mets de la soupe à recauffé,
Le gas français est arrivé.

10 vendémiaire an IX.

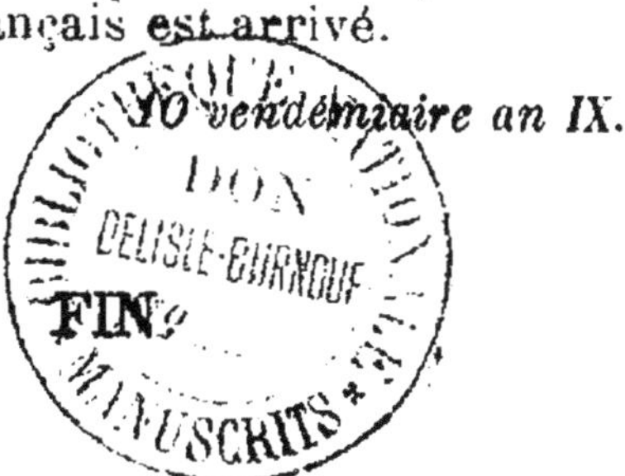

FIN.